Meine unpfändbare Wohnung

Klaus Ernst Paul Puchstein

Meine unpfändbare Wohnung

Inhalt

Vorwort Corinna Rüffer

Deutschland mangelt es an bezahlbarem und barrierefreiem Wohnraum. Das trifft insbesondere Menschen mit Behinderung, Menschen mit geringem Einkommen oder Rentnerinnen und Rentner. Sie können sich ihre Wohnungen häufig schlicht nicht mehr leisten oder müssen sie verlassen, weil sie nicht barrierefrei sind. Und vielen behinderten Menschen ist es nicht möglich, ihren Wunsch auf ein selbstbestimmtes Leben in einer barrierefreien Wohnung zu verwirklichen.

Klaus Puchstein macht mit seiner Forderung nach einem Gesetz zur „Unpfändbarkeit" der eigenen Wohnung einen interessanten Vorschlag, diesen Missstand zu beheben. Ihm schwebt vor, dass möglichst viel pfändungsfreier und barrierefreier Wohnraum mithilfe staatlicher Unterstützung geschaf-

fen werden sollte. Dieser Vorschlag
ist dazu geeignet, Menschen die
Sicherheit zu geben, in den eigenen
vier Wänden und in einer barrierefreien Wohnung auch im hohen
Alter möglichst selbstständig und
in einem vertrauten Umfeld leben
zu können. Gleichzeitig profitieren
auch behinderte Menschen von den
dadurch geschaffenen barrierefrei-
en Wohnungen. Gerade für eine
inklusive Gesellschaft ist bezahlba-
rer barrierefreier Wohnraum un-
verzichtbar.

Corinna Rüffer MdB

Sprecherin für Behindertenpolitik der
Grünen-Bundestagfraktion

Was ist falsch gelaufen?

2016 im Frühjahr wird das Dilemma deutlich und die Talkshows greifen das Thema auf:

Bis zu 50% der künftigen AltersgeldbezieherInnen werden in Deutschland staatliche Unterstützung benötigen.

Bei allen Ratsmitgliedern und in allen Kommunen gehen da die Alarmglocken an! Der Sozialetat wird den gestalterischen Spielraum für andere Maßnahmen endgültig abwürgen.

Was ist falsch gelaufen? Haben die Regierungen der letzten Jahre Fehler gemacht? Haben wir alle Fehler gemacht?

Die Erklärungsversuche sind zahlreich und allzu leicht wird die Verantwortung irgendwohin oder zu irgendjemandem geschoben.

Haben wir allzu leichtgläubig die Verantwortung für uns selbst einfach abgegeben? Bei der Politik? Bei der Werbung, die uns Glück beim Konsum verspricht?

Wieso sind wir nicht misstrauischer gegenüber allen Heilsversprechen?

Unser Vertrauen hat in den letzten Jahren nicht nur diesen einen Knacks bekommen. Das spüren die Menschen und besonders auch die Verantwortlichen in den unteren Etagen der Politik: in Gemeinde- und Stadträten, in Kreis- und Landtagen.

Eine Milliardenkrise jagt die nächste. Funktioniert Europa noch oder nicht mehr? Was ist los? Vor allem: wo gibt es noch Sicherheit? Die Sicherheitsfrage rückt absolut in den Vordergrund.

Der Bestand an kleinen bezahlbaren Wohnungen hat einen Tiefpunkt erreicht. Das Leben der Hälfte aller Rentner wird noch unsicherer. Angst vor dem Alter breitet sich in der Bevölkerung aus.

Einige Praxisbeispiele

1. 28.4.2016 In der Talkshow von Maybritt Illner war die Riesterrente das Thema. Heraus kam, dass ein großer Teil der Menschen im Alter nicht genug Geld zur Verfügung haben wird. Je nach Interessenlage machten die Gesprächspartner für die problematische Situation andere Gründe verantwortlich. Alles wurde diskutiert - außer den **Lebenshaltungskosten**. Der wesentliche Faktor **Wohnkosten war dort kein Thema**.

Problem:
Man kann versuchen, Renten und kleine Einkommen zu verbessern. Es ist aber sinnlos, wenn die Wohnkostensteigerungen jede Verbesserung wieder auffressen.

Lösung:
Mein Ansatz ist, Wohneigentum für einen erheblich größeren Teil der Bevölkerung zu schaffen, als es bisher der Fall ist. Dies können keine Luxuswohnungen sein, wie

es sie in großer Zahl bereits gibt, und von denen zurzeit noch viel mehr gebaut werden.

Wie kann man für breite Teile der Bevölkerung einen Anreiz schaffen, preiswerte Wohnungen in angemessener Größe zu bauen oder bestehende Wohnungen entsprechend umzuwandeln? Können das nur Menschen mit genügend Kapital oder gibt es auch einen Weg für Menschen ohne Eigenkapital und mit geringfügigem Einkommen Wohneigentum in bescheidenem Rahmen anzuschaffen?

2. 1954 zogen meine Eltern mit 3 Kindern und Oma in eine eigene Doppelhaushälfte mit 80 qm Wohnfläche. Das Haus wurde zu 100% fremdfinanziert, weil wir als Flüchtlingsfamilie Wohnraum brauchten. Auch ein Garten zur teilweisen Selbstversorgung war vorhanden.

Die öffentliche Hand finanzierte das Haus über die Lastenausgleichsbank, weil meine Eltern im Krieg einen Betrieb verloren hatten und den wieder aufbauen mussten. Die Lastenausgleichsbank gab es parallel zur KFW Kreditanstalt für Wiederaufbau, die für Privatleute die Entschädigungen finanzierte.

Die öffentliche Hand misstraute aber den Banken und setzte für das Haus die Richtlinien des Reichsheimstättengesetzes fest. Dieses Gesetz beinhaltete als wesentliches Element **die Unpfändbarkeit**.
Die Unpfändbarkeit sollte verhindern, dass die Familie das Haus wieder verlor, wenn sie und der Betrieb in wirtschaftliche Schwierigkeiten gerieten. Der Staat wollte so doppelte Kosten abwenden und vermeiden, dass er im Falle der Insolvenz des Betriebes auch wieder für Wohnraum für die Familie sorgen musste.

3. In den 90er Jahren berichtete mir ein ehemaliger Kommissar der Abteilung Mord von einem Fall aus seiner Dienstzeit. Ein pensionierter Beamter hatte Suizid begangen. Im Abschiedsbrief beklagte er sich bitter, dass die staatliche Pension nicht ausreichte, weil bei ihm der Pflegefall eingetreten war und er jetzt Sozialhilfeleistungen beantra-

gen musste. Trotz lebenslanger Leistung für den Staat müsse er nun zum Bittsteller werden – das ginge gegen seine Ehre und deswegen scheide er aus dem Leben.

Schon damals war die private Insolvenz im Pflegefall vom Staat als Regel akzeptiert. Eine Absicherung war kaum möglich.

4. Am 31.3.14 meldete dpa
Forscher: Zweierbeziehungen in getrennten Wohnungen halten Jahre
Rostock (dpa) - In getrennten Wohnungen zu leben ist für Partnerschaften weit weniger gefährlich als bisher angenommen. Die Distanz schadet der Liebe nicht unbedingt. Das ergab eine Studie des Bundesinstituts für Bevölkerungsforschung. Über einen Zeitraum von drei Jahren hatten mehr als die Hälfte der beobachteten Beziehungen Bestand. Nur rund 15 Prozent der Partnerschaften scheiterten und etwa ein Drittel zog in eine gemeinsame Wohnung. Das ergaben die Analysen des Bundesinstituts bei rund 12 400 Personen.

Damit wird bewiesen, dass der gesunde Menschenverstand besser funktioniert als staatliche Regeln. Die hinken gesellschaftlichen Entwicklungen häufig hinterher.

5. Ende der 90er Jahre verstarb die Schwiegermutter eines Bekannten. Ihr Mann war nun Witwer und blieb als Sozialrentner allein zurück. Er war gezwungen, sich eine kleinere Wohnung zu suchen, weil die bisherige Wohnung nach Maßstäben des Sozialamtes für eine Einzelperson zu groß war. Der Mann war über 80 und verlor neben der Frau auch noch sein gewohntes Umfeld. Das ist die ganz normale Grausamkeit, die sich aus den geltenden gesetzlichen Regeln ergibt. Auch hier macht sich bemerkbar, dass der Staat kein durchdachtes Gesamtkonzept für den ganzen Lebenslauf eines Menschen hat.

Dieser Fall und viele weitere besonders von alleinerziehenden Müttern und geschiedenen Menschen, von denen ich aus meiner Tätigkeit im Kreisrechtsausschuss Kenntnis erhielt, brachten mich zum Nachdenken darüber: Was können wir grundsätzlich ändern? Wie kann der Gesetzgeber Rahmenbedingungen schaffen, damit die Menschen schon mit Beginn des Erwachsenenlebens den Wunsch nach sicherem Wohneigentum für sich als einzelne Person zum Ziel haben? Wie können sie Gewissheit erlangen, dies in absehbarer Zeit zu erreichen?

6. Verwandte von mir in Mailand berichteten schon vor einigen Jahren von „silbernen" Wohngemeinschaften. Inzwischen gibt es sie auch in unseren Großstädten. Senioren nehmen sich zusammen eine große Wohnung, weil sie sich einzelne kleine Wohnungen nicht mehr leisten können. Außerdem gibt es

kaum noch kleine Wohnungen. Kaufpreise und Mieten sind für kleine Wohnungen mit den Höchstpreisen pro Quadratmeter belegt.

7. Selten ist jemand so clever, wie Freunde von mir. Die haben schon als Studenten eine kleine Wohnung in der Nähe einer großen Universität gekauft und immer behalten. Es gab nie einen Leerstand und als ein Sohn wegen einer Ausbildungsstelle in der Metropole dringend eine Wohnung brauchte, konnte er wegen Eigenbedarf darauf zurückgreifen.

8. Eine Bekannte von mir hat im Mai 2016 eine Wohnung von 76 qm an einen jungen Mann verkauft. Verwandte geben das Eigenkapital, der Rest läuft als Bankkredit. Meine Forderungen, vorhandene Kapitalbestände (S.76) zu aktivieren und junge Leute zum Immobilienerwerb zu bewegen, sind erfüllt. Bei

der Kreditaufnahme wird die aktu-
elle Niedrigzinsphase genutzt.

22

Kapitel 1

Die verunsicherte Gesellschaft

Spätestens seit der Finanzkrise fühlen sich die Menschen verunsichert. Wem kann man noch trauen? Die Politik wirft das Geld zum Fenster raus – Stuttgart 21, Flughafen Berlin-Brandenburg, Euro-Hawk. Die Großindustrie betrügt systematisch. Obwohl Wind und Sonne nichts kosten und der Strom eigentlich billiger werden müsste, steigen unsere Stromrechnungen – angeblich weil der Strom an der Strombörse fast nichts kostet; das versteht nun gar keiner mehr. Pflege in Altersheimen und Krankenhäusern funktioniert nur noch mit tatkräftiger Unterstützung von Angehörigen. Menschen sind arbeitslos und gleichzeitig gibt es Fachkräftemangel. Was ist los? Haben alle zusammen die Übersicht verloren? Wenn eine Firma schließt, weil die Manager einfach unfähig sind oder weil die Inhaber sie gerade gut verkaufen können, treten die allergrößten Ungerechtigkeiten ein besonders für Menschen, die ihren Arbeitsplatz verlieren und über 50 Jahre alt sind. Jeder Personalmanager liest in Bewerbungsunterlagen von Schicksalen solcher Bewerber, die auch hartgesottene Zeitgenossen ins Nachdenken bringen. Die Menschen verlieren oft nicht nur den Arbeitsplatz sondern auch das gesellschaftliche Ansehen und nicht selten wendet sich auch die Familie von ihnen ab. Ehescheidungen sind häufig.

Muss das alles wirklich so sein? Können wir es dulden, dass sich unsere Gesellschaft nur noch ausschließlich an materiellen Werten orientiert und der Konkurrenzkampf um Arbeitsplätze derartig brutal geführt wird, wie es jetzt der Fall ist? Vereine und Politik und sogar die Feuerwehr beklagen unisono, dass es immer schwieriger wird, Menschen zur Mitarbeit zu motivieren. Gutwillige werden frustriert, weil es ihnen niemand dankt, wenn sie ehrenamtlich tätig werden. Die anderen haben keine Zeit oder keine Lust. Egozentrisches Verhalten und Rücksichtslosigkeit nehmen zu. Der gesellschaftliche Zusammenhalt schwindet.

In einem Punkt sind sich alle einig: es müsste sich in der Grundhaltung etwas ändern; es müsste zumindest einige verlässliche Eckpunkte geben, die langfristig gültig sind. Könnte man das schaffen? Geht das auch mal, ohne dass der Staat wieder gewaltige Summen aufwendet? Die Wirkung solcher Investitionen ist meist nur von kurzer Dauer.

2015 ergab sich für die Zivilgesellschaft die Chance, ihren Protest gegen den rüden Umgang mit den Menschen durch Wirtschaft und Verwaltungen auf ganz eigene Weise zu formulieren. Viereinhalb Millionen Menschen halfen den Flüchtlingen ganz uneigennützig. Die zivile Bevölkerung erwies sich spontan als hilfsbereit und menschlich. Politik und Verwaltungen rieben sich verwundert die Augen, als ihnen Privatpersonen vormachten, was eigentlich staatliche Aufgabe gewesen wäre. Der Staat erwies sich eher als Bremser und Bedenkenträger. Die Vorfälle in Köln sind auf Versäumnisse des Staates zurückzuführen. Dort liegt die Verantwortung für den Stimmungsumschwung.

Kapitel 2

Zumindest die Wohnung muss sicher sein!

Wenn Arbeit und Beziehung schon ständig gefährdet sind, muss zumindest die Wohnung sicher sein. Es ist nicht zu akzeptieren, dass beim Arbeitsplatzverlust, bei einer Ehescheidung, bei Tod oder Krankheit das gesamte Lebensumfeld des Partners oder der Partnerin oder gar der Familie ebenfalls bedroht werden. Einen sicheren Punkt muss es geben: die Wohnung!

Wir kennen solche Geschichten alle aus dem Bekannten- oder Verwandtenkreis oder wir sind sogar selber betroffen. Haus oder Wohnung werden unter Gestehungspreis verschleudert, weil die ehemaligen Partner nicht mehr sachorientiert überlegen und diskutieren können. Der Zwist vernebelt das Gehirn. Und oft nutzen Geldgeber und Juristen einen Scheidungsfall für die eigene Bereicherung aus, etliche sind sogar darauf spezialisiert.

Heute leben Paare häufig unverheiratet zusammen und aus Kostengründen wird eine Wohnung eingespart, besonders wenn es sich um kreditfinanziertes Eigentum handelt. Nicht alle sind so vorsichtig, da einen Vertrag miteinander abzuschließen, der alle eingebrachten Leistungen berücksichtigt. Der Ausstieg aus dem Vertrag ist oft ungeregelt und am Ende gibt es eine Benachteiligung. Führt dies zu einem Streit, gewinnen wieder nur die Juristen und die Banken.

Besonders Menschen im Rentenalter sind zunehmend davon bedroht, ihre Wohnung zu verlieren. Ergeben sich besondere Kosten durch eine Krankheit, reicht das Renteneinkommen oft nicht mehr. Stirbt ein Partner und fallen Renteneinnahmen weg, steht oft ein Wohnungswechsel an.

Extrem hart wird dies für Sozialrentner, die Vorschriften in der Sozialge-

setzgebung sind da deutlich unfreund-
lich:

Ein Paar oder Ehepaar hat meist
Wohnraumanspruch auf 60 bis 65 qm,
eine Einzelperson nur auf 45 bis 50
qm. Zum Verlust des Partners oder der
Partnerin kommt der Verlust der
Wohnung hinzu – und oft genug auch
noch der Verlust vom sozialen Umfeld,
weil in der Nähe der alten Wohnung
keine entsprechende kleinere Wohnung zu finden ist. Ein Umzug stresst
einen alten Menschen erheblich. Das
hat oft auch gesundheitliche Folgen,
die Lebensdauer kann sich verkürzen.

Wir freuen uns, dass wir alle älter
werden. Aber auch für Menschen, die
früher vermögend waren, wird die ho-
he Lebenserwartung immer öfter zur
finanziellen Falle: Für die letzten Le-
bensjahre reichen die Ersparnisse
nicht mehr aus. Für über 90-jährige
steht dann auf einmal der Umzug in
eine Sozialwohnung an sowie Verlust

des sozialen Umfelds und der gesellschaftlichen Stellung.

Bei niedrigen Renten sinkt die Lebenserwartung, das ist bekannt.

Muss man damit rechnen, dass Deutschland eine Art „Euthanasie" durch die Struktur der Gesetze und Verordnungen vorgeworfen wird?

Kapitel 3

Unsere Häuser – am langfristigen Bedarf vorbei gebaut

Der weitaus größte Teil unserer Einfamilienhäuser wurde so gebaut, dass die Familie lebenslang darin wohnt. Das ist immer seltener der Fall. Bereits wenn die Familie in so ein Familienhaus einzieht, ist das Ehepaar oder Paar wesentlich älter als früher. Der Entschluss zur Familiengründung wird oft erst gefasst, wenn die Partner bereits Mitte dreißig sind oder noch älter. Junge Menschen Mitte Zwanzig halten jeden Gedanken an die Anschaffung eines Wohnhauses für völlig überflüssig. Sie haben einfach keinen Bedarf dafür.

Wenn Stadt- und Gemeinderäte glauben, dieses Denken durch die Ausweisung von Baugebieten ändern zu können, haben sie sich getäuscht. Bei jungen Leuten unter Dreißig ist weder das Interesse und meist auch

nicht das Kapital für so ein Familienhaus vorhanden.

Wenn sie so ein Haus erben, verkaufen sie es oft, weil die laufenden Kosten zu hoch sind und es außerdem ein
Klotz am Bein ist. Die Immobilie stört,
wenn man einen besseren Arbeitsplatz
weit entfernt oder sogar im Ausland
bekommen kann. Vermietungen sind
schwierig und oft mit Verlusten ver-
bunden. Der Unterhalt kostet mehr als
man vorher denkt. Das Ende vom Lied
ist häufig, dass das Elternhaus unter
Wert verkauft wird.

Für Senioren sind die Häuser dann
oft wieder zu groß, es gibt zu viele
Treppen, die sanitären Räume sind
ungeeignet, die Gartenpflege ist im-
mens teuer und die Verwaltung des
Hauses aufwändig.

Oft genug ist es so, dass ein Familienhaus nur achtzehn Jahre voll genutzt wird. Bei einer Ehescheidung ist
dieser Zeitraum häufig noch wesentlich kürzer.

Wie kann man den Wohnraum jetzt heutigen Bedürfnissen anpassen? Der Haus- und Wohnungsbestand ist da und wir können nicht alles abreißen. Sehr viele Häuser müssen energetisch saniert werden. Anpassungen an seniorengerechtes Wohnen sind ebenfalls sinnvoll, weil die Bewohner selbst älter werden und weil der Interessentenkreis erheblich größer wird, wenn die Immobilie einmal verkauft werden soll.

Kapitel 4

Wohnungen – wie wir sie brauchen

Wirklich sinnvoll wäre ein Einfamilienhaus, das sich den Bedürfnissen anpasst. Wie kann das gehen? Es muss aus mehreren Wohnungen bestehen – und manche Bauherren sind schon jetzt so schlau, das vornherein zu planen.

Wenn wir einmal den Lebenszyklus eines Menschen begleiten, können wir leicht auch den Wohnraumbedarf ermitteln.

Der Wunsch nach eigenem Wohnraum ergibt sich im Teenageralter. Man braucht zwar die Eltern als Sicherheitsnetz aber nicht als ständiges Kontrollorgan. Wohnraum mit eigenem Eingang ist da sehr beliebt. Für die Erziehungsberechtigten ist das nicht immer einfach, weil solche Wohnungen von Jugendlichen gern zum Treffpunkt für das halbe Viertel werden. Dieser Faktor ist dann häufiger Diskussionsgegenstand, besonders wenn die Polizei nach Mitternacht anrückt. Das kommt auch bei sonst ganz harmlosen jungen Leuten schon mal vor. Wenn wir uns realistisch zurück erinnern, war das bei uns selbst nicht anders. Wenn die Staatsgewalt nie kam, haben wir einfach Glück gehabt. Einen Grund hätte es allemal gegeben.

Deshalb wissen wir aus eigener Erfahrung, dass bei Wohnraum mit separatem Eingang mit dem Nachwuchs feste Regeln für Verhalten und die Besuchsfrequenz getroffen werden müssen.

Aber was lernen wir daraus? Wenn wir unsere halbwüchsigen Kinder überhaupt noch sehen wollen und ihre Freunde zumindest vom Sehen her kennen wollen, ist es gut, wenn wir so einen Wohnraum mit eigenem Eingang zur Verfügung haben. Sonst klappt die Tür und wir sehen überhaupt nichts mehr von ihnen. Im schlimmsten Fall dürfen wir sie morgens um drei von einer Polizeistation abholen. Vor- und Nachteile müssen gegeneinander abgewogen werden.

Das Haus sollte also so konstruiert sein, dass es mindestens zwei Eingangstüren hat. Dabei genügt es, wenn der Zugang zu beiden Wohnungen sich hinter dem Haupteingang befindet.

Nach der ersten Sturm- und Drangphase bildet sich die erste Paarpartnerschaft, da kommen auch noch viele Freunde, aber es geht doch wesentlich gesitteter zu. Auch das funktioniert gemeinsam mit der älteren Generation unter einem Dach sehr viel besser mit zwei Eingängen. Jetzt stellt sich nämlich der Faktor ein, dass auch die ältere Generation nicht immer gern von der jüngeren kontrolliert werden will. Das passiert häufiger, als viele es wahr haben wollen. „Kommt bei uns garantiert nicht vor!" ist ein Satz, der den ganz normalen Selbstbetrug darstellt.

Irgendwann ist es dann so weit: Die Jugend zieht aus. Die Gründe sind völlig unterschiedlich und doch immer dieselben. Beruf, Studium oder eine andere Partnerschaft erfordern einen Ortswechsel oder auch nur einen Wechsel der Wohnung. Die meisten beziehen dann eine Mietwohnung und wohnen auch mindestens ein Jahrzehnt zur Miete bevor sie selbst an Wohneigentum denken.

Jetzt kommt der Vorteil des separaten Wohnraums für die Altvorderen erst richtig zur Geltung: man kann es selbst nutzen, man kann es vermieten, die gebrechlichen Eltern oder Großeltern können einziehen – wie auch immer: vollkommen unterschiedliche Nutzungen sind möglich ohne dass man umbauen muss.

Diesen gesamten Ablauf kennen viele Familien, die einmal ein Haus mit Einliegerwohnung bewohnt haben.

Das konnten sich aber nicht alle leisten und meist ist auch das Haupthaus riesig und die Einliegerwohnung winzig. Für Paare ist sie nur bedingt geeignet. Für Senioren ist häufig das Bad zu klein und ein Verbleib bis zum Lebensende unmöglich, weil es weder barrierefrei noch behindertengerecht ist.

Das Modell hat noch weitere Nachteile: Im Scheidungsfall geht häufig alles den Bach runter, weil die finanzielle Auseinanderrechnung nicht funktioniert. Eine Rochade zwischen älterer und jüngerer Generation ist nicht möglich, eben weil die Hauptwohnung unverhältnismäßig groß und die Einliegerwohnung zu klein ist. Dabei wäre sie oft sinnvoll, wenn sich Enkel oder Urenkel einstellen.

Clevere Häuslebauer mit Realitätssinn sind da anders vorgegangen: Sie haben aus den einhundertfünfzig bis einhundertachtzig Quadratmetern gleich drei Wohnungen gemacht und sind so für alle Wechselfälle des Lebens gewappnet. Je nach Bedarf können ein bis drei Paare das Haus bewohnen. Bei einer Scheidung bewohnt die Restfamilie zwei Wohnungen und vermietet eine. Wenn Kinder das Haus verlassen, können eine oder zwei Wohnungen anderweitig genutzt werden.

Heute stehen viele große Häuser zum Verkauf und je größer sie sind, desto weniger kann für den Quadratmeter erzielt werden. Als wir 1995 ein Haus kaufen wollten, wurden ungefähr zehn Häuser angeboten mit Wohnflächen zwischen einhundertfünfzig bis dreihundertachtzig Quadratmetern. Die meisten davon wurden schon seit mehr als zehn Jahren jeweils von einer einzelnen älteren Dame bewohnt. Noch vor kurzem hörte ich von einer Dame im Altersheim, die täglich ihr Wohnhaus mit einhundert Quadratmetern aufsucht und nachsieht, ob niemand eingebrochen hat. Es wohnt dort niemand.

Gleichzeitig diskutiert der Stadtrat in regelmäßigen Abständen die Erschließung neuer Baugebiete für junge Familien. Diese gesellschaftliche Schizophrenie hat sich schon seit langem in Deutschland eingenistet. Es ist bundesweit dasselbe, wenn auch unterschiedlich stark ausgeprägt. Die extremsten Fälle wurden mir aus dem Stuttgarter Speckgürtel berichtet, wo es viele Einfamilienhäuser ab 150 Quadratmeter Wohnfläche mit Swimmingpool geben soll, die ebenfalls überwiegend von alleinstehenden älteren Damen bewohnt werden. Eins muss allen Stadt- und Gemeinderäten klar sein: Wenn der Wohnraumbedarf auf dieser Basis berechnet wird, bekommen wir nie Eigenheime für junge Familien.

Es geht selbstverständlich nicht an, dass man in unserer Demokratie Menschen dazu zwingt, ihre Gebäude sinnvoller Nutzung zuzuführen. Aber es ist erlaubt und möglich, an die Bürgerinnen und Bürger zu appellieren, dies zu tun.

Irgendwann kommen die leerfallenden Häuser zum Verkauf. Für junge Leute, ob sie nun schon in Partnerschaft leben oder nicht, die Wohnraum benötigen, kommen sie nicht in Frage, weil sie viel zu groß sind. Sie suchen meist fünfzig bis achtzig Quadratmeter und das überwiegend zur Miete. Da sind die Quadratmeterpreise hoch, egal ob man kauft oder mietet; die Nachfrage wirkt sich preistreibend aus. Je kleiner die Wohnung, desto teurer wird der Quadratmeter Wohnfläche.

Sinnvoll wäre es, wenn junge Leute gemeinsam ein großes Haus kaufen würden und es in kleine Wohneinheiten aufteilen. Das ist in mehreren Schritten möglich: Zuerst kaufen zu einem günstigen Quadratmeterpreis und danach umbauen. Je nach handwerklichem Geschick können sie da durch Eigenleistung viel Geld sparen.

Für viele gibt es nur diesen Weg zur eigenen Immobilie, weil das Eigenkapital und das nötige Einkommen fehlen.

Die meisten denken aber überhaupt nicht darüber nach. Zu viel Aufwand und schwierige Verträge schrecken sie ab.

Wie kann die Politik da eingreifen, um junge Menschen zu diesem Kraftakt zu motivieren? Es gibt zwei Wege: Zuschüsse durch Geld bzw. Steuerersparnis oder eine Änderung der gesetzlichen Rahmenbedingungen.

Vorteilhafter für den Staat ist eine Änderung der gesetzlichen Rahmenbedingungen. Wenn das gut gemacht wird, ist das erheblich preiswerter. Dabei sprechen wir von Milliarden pro Jahr und nicht von Peanuts.

Kapitel 5

Die sichere Wohnung – unpfändbar!

Eine sehr starke Motivation zur Bildung von Wohneigentum ist ein Gesetz, dass jeder Bürgerin und jedem Bürger den Besitz einer Wohnung gestattet, für die die Unpfändbarkeit beantragt werden kann und die bei Erfüllung bestimmter Voraussetzungen bewilligt werden muss.

Will man dies dauerhaft im Gesetz festschreiben, muss man das Grundgesetz ändern. Das Parlament muss sich da weitgehend einigen. Wenn Bundestag und Bundesrat sich darüber hinaus auch noch einig werden, kann das Gesetz noch besser ausgestaltet werden und in Landesgesetzen entsprechend unterstützt werden.

Je mehr Einigkeit, desto langfristiger hält das Gesetz. Je preiswerter das Gesetz für den Staat, also den Steuerzahler ist, desto weniger Widerspruch wird es geben.

Die Unpfändbarkeit einer Wohnung zu bewilligen, die dem Eigentümer gehört, kostet den Staat erst mal gar nichts. Macht der Eigentümer Schulden, weil er zum Beispiel mit fünfundfünfzig arbeitslos wird, hat der Staat sogar den Vorteil, dass er für das Wohnen dieses Bürgers niemals eine Miete aufbringen muss, denn niemand kann ihn oder sie aus der eigenen Wohnung hinauswerfen. Der Staat braucht nur noch für die Nebenkosten aufkommen, wenn aus der Arbeitslosigkeit ein Sozialfall wird.

Damit entsteht auch gleich die Vorgabe für die Größe der Wohnung, für die Unpfändbarkeit beantragt werden kann: maximal fünfundvierzig Quadratmeter bei Arbeitnehmern. Denn dies ist die maximale Größe, die in den Satzungen der Kommunen nach SGB II für eine arbeitssuchende Einzelperson überwiegend festgelegt ist, kleinere Wohneinheiten sind natürlich immer zulässig. Was ist nun mit den weiteren Vorschriften des SGB II für mehrere Personen? Würden die durch ein grundgesetzlich gesichertes unpfändbares Wohneigentum ausgehebelt, wenn es heißt: Jede natürliche Person im Geltungsbereich des deutschen Grundgesetzes hat das Anrecht auf den Besitz einer unpfändbaren Wohnung bis zu fünfundvierzig Quadratmeter? Darf eine alleinerziehende Person mit Baby also ihre 2 Eigentumswohnungen von je fünfundvierzig Quadratmeter behalten, wenn eine Wohnung auf den Namen des Babys eingetragen ist? Im Prinzip ja. Die Sozialgesetzgebung regelt jedoch auch die Nebenkosten und da stößt die Person dann schnell an die Grenzen mit den beiden Wohnungen. Wie könnte eine Bedarfsberechtigte in einem solchem Fall vorgehen? Sie vermietet eine Wohnung und beantragt keine Unterhaltskosten für das Baby. Da bekommt das Baby ja die Miete, die in der Regel höher ausfallen dürfte als der Unterhaltssatz für das

Baby. SGBII beantragt sie nur für sich selbst. Der Staat kommt auch in diesem Fall billiger davon als wenn er auch noch die Miete für eine größere Wohnung aufbringen müsste, die dem 2-Personen-Haushalt zusteht.

Es ist also im Interesse des Staates, wenn möglichst viele SGBII – Empfänger/innen über Wohneigentum verfügen.

Wer jetzt glaubt, es sei einfach, im Fall einer neuen Gesetzgebung an Wohneigentum zu kommen trotz SGB II, liegt vollkommen falsch. Keine Bank wird einen Kredit zum Erwerb von Wohneigentum geben, wenn gleichzeitig Unpfändbarkeit beantragt wird. Bei den Kreditverträgen wird die Möglichkeit für den Antrag auf Unpfändbarkeit von vornherein ausgeschlossen werden. Man kann den Antrag also nur stellen, wenn man die Wohnung bereits vollständig bezahlt hat oder die Abzahlung komplett durch eine Bürgschaft abgesichert ist.

Die Bürgschaft könnte nicht nur eine Privatperson übernehmen sondern auch der Staat zum Beispiel über einen KfW-Kredit. Da der Staat erhebliches Interesse daran hat, dass der Bestand an kleinen bezahlbaren Wohnungen deutlich ansteigt, werden die Parlamente intensiv über die Auflegung solcher Kreditprogramme diskutieren. Es gibt noch weitere positive Effekte, die ein intensives Bauinteresse aller Bevölkerungskreise auslöst: Steigerung des Anteils an Wohneigentum und der Kreditnachfrage.

Das Modell ist also für junge Leute besonders interessant, wenn sie eine Immobilie erben. Es ist egal, ob es mehrere Erben oder nur einen gibt. Man tut gut daran, das Gebäude in mehrere Einheiten zu maximal fünfundvierzig Quadratmeter aufzuteilen. Auch kleinere Wohnungen sind sinnvoll, wenn dies einer vernünftigen Aufteilung dient, wobei achtundzwanzig Quadratmeter als Minimum vernünftig sind. Wie ich in Kapitel 14.1. beschreibe, liegt die minimale Größe für eine rollstuhlgerechte Wohnung bei zirka dreiundvierzig Quadratmeter. Die Schaffung einer rollstuhlgerechten Wohnung erweitert den Kreis der möglichen Nachfrager deutlich, denn immer mehr Menschen benötigen irgendwann im Leben einen Rollstuhl. Nach dem Umbau lassen sich die Einheiten wesentlich besser verwerten als ein komplettes Haus.

Warum ist das Modell aber auch für Menschen interessant, die keine Immobilie erben oder bereits besitzen? Der Grund liegt darin, dass jede natürliche Person einen Antrag auf Unpfändbarkeit stellen darf; die Betonung liegt dabei auf „jede". Ein Paar oder Ehepaar kann also ohne weiteres für zwei benachbarte Wohnungen – zum Beispiel in einem Einfamilienhaus – jeder für sich die „Unpfändbarkeit" für eine der Wohnungen zugesprochen bekommen, **wenn es so ein Gesetz gibt**. Damit verstärkt sich die Motivation für die Anschaffung eines

Einfamilienhauses erheblich, auch wenn es noch nicht aufgeteilt ist.

Das Ziel der „Unpfändbarkeit" wird dann in mehreren Schritten erreicht:

1. Anschaffung einer Immobilie, die ungefähr die Größe hat, die für die Anzahl der Personen benötigt wird, die einziehen wollen.
2. Planung der Aufteilung in einzelne Wohneinheiten
3. Planung und Durchführung der Bauarbeiten nach Richtlinien des Status „Unpfändbarkeit"
4. Antrag auf den Status der „Unpfändbarkeit" für die einzelnen Wohnungen für jedes Familienmitglied.
5. Bewilligung der „Unpfändbarkeit"

Parallel läuft die Finanzierung. Dabei ist es klug, so vorzugehen, dass eine der Wohnungen zeitlich vor den anderen den Status der „Unpfändbarkeit" erreicht. Gibt es beim Einkommen mal eine Delle wegen Arbeitslosigkeit oder Krankheit oder sonst einem ungeplanten Ereignis, kann man sich in diese Wohnung zurückziehen. Eventuell lässt sich je nach Baufortschritt eine andere vermieten. Notfalls kann sogar eine der Wohnungen verkauft werden. Trotzdem muss man nicht umziehen.

Und jetzt haben auch mehrere junge Leute eine Motivation, gemeinsam eine Immobilie zu erstehen und so umzubauen, dass für jede/n eine unpfändbare Wohnung dabei herausspringt. Das ist natürlich nur der Fall, wenn der Staat über die KfW oder jemand anders bürgt oder wenn alle Schulden einmal abbezahlt sind. Beim gemeinsamen Kauf eines Hauses wird so ein Team von jungen Leuten sehr schnell feststellen, dass der Preis pro Quadratmeter erheblich sinkt, je größer das Haus ist. Selbstverständlich fallen auch mehr Umbaukosten an. Die kann man aber durch Eigenleistungen ziemlich gut in den Griff bekommen. Je größer das Haus, desto größer wird das Team und desto wahrscheinlicher wird es, dass ein paar Fachleute im Team sind. Fachleute braucht man da nicht nur vom Bau, sondern auch aus dem Finanz- und Versicherungsbereich.

Wirklich schwierig ist da noch der Vertrag, der zwischen den Teampartnern abgeschlossen werden muss, damit alles geregelt ist, wenn etwas schief geht. Dazu müssten Fachjuristen einen Mustervertrag ausarbeiten, den so ein Team miteinander abschließt. Der Vertrag muss der individuellen Situation des Teams angepasst werden können.

Wird die „unpfändbare Wohnung" erst einmal zum Begriff, werden auch ältere Menschen sich dafür interessieren. Das gilt nicht nur für Rentner, die bisher zur Miete wohnten.

Gerade Besitzer von großen Einfamilienhäusern werden sich überlegen, wie sie die Großimmobilie so aufteilen, dass pro Kopf eine unpfändbare Wohnung entsteht. Der weitere Wohnraum ist dann zusätzlich eigenständig vorhanden als weitere Wohnung, jedoch nicht im Status unpfändbar. Wenn man schon umwandelt, wird man das schlauerweise so machen, dass keine Wohnung fünfundvierzig Quadratmeter übersteigt.

Vorhandener Wohnraum wird also aktiviert und liegt nicht tot herum. Es kann sogar sein, dass mittel- oder langfristig die Bereitschaft zur Familiengründung früher einsetzt und Elternpaare wieder durchschnittlich jünger werden. **Die „Unpfändbarkeit" der eigenen Wohnung bietet eine Sicherheit, die das Risiko der Elternschaft erheblich mindert.**

Dies gilt auch für den Fall, dass die Partnerschaft zerbricht. Für beide ist je eine „unpfändbare" Wohnung vorhanden.

Kapitel 6

Voraussetzungen für die Unpfändbarkeit

Wie bereits angedeutet, wird eine Unpfändbarkeit voraussetzen, dass die Immobilie schuldenfrei ist. Bei einer Wohnungsgröße von fünfundvierzig Quadratmetern oder weniger ist dies relativ schnell zu erreichen. Die anderen Voraussetzungen sollten sein, dass die Wohnung energetisch auf dem neuesten Stand ist und dass so weit wie möglich Barrierefreiheit hergestellt wird. Zu dem letzten Punkt mehr in „Kapitel 8 Welche Baugesetze müssen geändert werden?" Die Herstellung der Barrierefreiheit erfordert nämlich oft Umbaumaßnahmen, die die geltenden Baugesetze einfach nicht hergeben.

Das Gesetz könnte auch vorsehen, dass bei Erfüllung der Richtlinien Barrierefreiheit und Behindertengerechtigkeit prinzipiell 50 oder sogar 60 qm Wohnfläche maximal erlaubt sind.

Eine Faustregel besagt, dass eine Wohnung für Rollstuhlfahrer fünfzehn Quadratmeter mehr erfordert

Der Großteil der Wohnungsbesitzer, die den Status „unpfändbar" als Zielsetzung haben, wird dies wahrscheinlich in weniger als fünfzehn Jahre erreichen. In dem Moment, wo sie am Ziel sind, haben sie auch finanziell größere Spielräume, weil die monatlichen Mietkosten entfallen. Menschen mit geringem Einkommen können durchaus teilhaben, wenn sie im Bereich Eigenleistung größeren Einsatz leisten oder nicht die maximale Größe von fünfundvierzig Quadratmetern ausschöpfen. Über den Mindestbedarf an Wohnraum finden Sie etwas im Kapitel 14.

Die Erstellung von Wohnungen mit einem Eigenleistungsanteil wird zurzeit diskutiert. Der Anteil könnte immerhin 10 bis 20 % der gesamten Kosten betragen.

Kapitel 7

Der Umbau des Hausbestands

Im gesamten Bundesgebiet gibt es noch erheblichen Sanierungsbedarf im Wohnbaubestand. Die energetische Sanierung und die Anpassung an barrierefreies Wohnen für Senioren erfordern noch gewaltige Anstrengungen, abgesehen vom Reparatur- und Sanierungsbedarf, weil es bei den Wohngebäuden oft einen allgemeinen Verschleiß gibt.

Unsere Gesellschaft kann es sich nicht leisten, dass große Teile der Bevölkerung zwischen 20 und 35 Jahren da nicht mitwirken. Es ist auch nicht sinnvoll, dass viele Vermögen ungenutzt auf Konten oder gar in Schließfächern oder Tresoren herumliegen. Diese Gelder müssen dafür eingesetzt werden, dass der gesamte Wohnraumbestand modernisiert und dem tatsächlichen Bedarf angepasst wird.

Das größte Potenzial für Energieein-
sparung liegt immer noch in der ener-
getischen Sanierung der Häuser. Dabei
gibt es noch wesentliche Unterschiede
zwischen den Energiebilanzen bei den
Wohngebäuden:

1. Solche, die wenig Energie ver-
   brauchen
2. Null-Energie-Häuser, die ver-
   brauchen überhaupt nichts
3. Energie-Plus-Häuser, die sogar
   noch Energie liefern

Entscheidend ist, wie viel man an-
fangs investiert und welche Voraussetzungen vorhanden sind.

Kapitel 8

Wie müssen die Baugesetze müssen geändert werden?

Die Baugesetze müssen besonders dahingehend geändert werden, dass bei Sanierungen so gearbeitet wird, dass die meisten Wohnungen barrierefrei sind. Die barrierefreie Erreichbarkeit kann entweder durch genügend Raum für einen später einzubauenden Treppenlift erreicht werden oder durch Raum für einen Fahrstuhl. Das Gesetz muss vorsehen, dass Fahrstuhlschächte, die außen am Haus angesetzt werden sollen, grundsätzlich genehmigt werden müssen.

Wie bereits gesagt, sind viele Häuser für Familien gebaut worden und die Anzahl der Familien mit zwei Erwachsenen und zwei Kindern wird immer seltener. In Deutschland gibt es deutlich über eine Million Reihenhäuser, die überwiegend fünfundachtzig bis einhundertfünfzig Quadratmeter Wohnfläche aufweisen. Wie will man die aufteilen, so dass zumindest eine oder zwei Wohnungen mit fünfundvierzig Quadratmetern und eine weitere mit mehr bzw. weniger Quadratmetern entstehen?

Das funktioniert nur, wenn man das Treppenhaus vor oder hinter das Haus verlegt. Wir müssen also die Baugesetze dahingehend ändern, dass bei Reihenhäusern ein neues Treppenhaus prinzipiell außen angebaut werden darf, wenn eine Aufteilung in mehrere Wohneinheiten damit einhergeht. Das mag vielen Bauämtern nicht schmecken (Wie sieht das aus?!), aber da geht volkswirtschaftliches Interesse vor Ästhetik. Im Übrigen können die Bauämter Wettbewerbe ausschreiben, wie man solche Treppenhäuser ästhetisch in die bestehende Architektur integriert. Ich denke, dass es da viele hervorragende Ideen und Lösungen geben wird. Die Treppenhäuser sollen so gebaut sein, dass ein Treppenlift problemlos eingebaut werden kann. Gibt es genügend Platz im Außengelände für einen Fahrstuhl neben der Treppe, soll so gebaut werden, dass beim Anbau eines Fahrstuhls auch die obere/n Etage/n barrierefrei erreicht werden können. Der Fahrstuhl muss nicht gleich mit angebaut werden, jedoch sollte auf jeder Etage eine Tür nach außen hin vorhanden sein, die erst mal mit einem Gitter gesichert wird.

Es gab auch schon früher Architekten, die Reihenhäuser mit zwei oder mehr Wohnungen und separatem Treppenhaus gebaut haben. Die Bewohner können sie ganz unterschiedlich nutzen, die geforderte Flexibilität haben diese Architekten von vornherein bereits mit eingeplant.

Bei Sanierungen sollte grundsätzlich gefordert werden, dass Bäder und Toiletten eine behindertengerechte Größe bekommen und barrierefrei sind. Nur dort, wo es architektonisch absolut nicht möglich ist, kann eine Ausnahme gemacht werden.

Die Wechselfälle des Lebens erfordern oft genug sehr plötzlich eine behindertengerechte Wohnung. Tritt so ein Ereignis wie beispielsweise ein Unfall ein oder kommt es zum Schlaganfall, kann man einen Umzug in eine andere Wohnung am wenigsten gebrauchen.

Kapitel 9

Der Gewinn für die Gesellschaft

Der Gewinn für die Gesellschaft liegt vor allem darin, **dass es erheblich mehr bedarfsgerechte Wohnungen geben wird: Die kleine preiswerte Wohnung wird nach einiger Zeit überall vorhanden sein.**

Ein Arbeitsplatzwechsel wird deutlich einfacher, weil es immer irgendwo eine kleine Wohnung gibt, die man während der Probezeit mieten kann. Ist der Arbeitsplatz sicher und das Schuljahr zu Ende, können Partner oder Partnerin mit Kindern nachziehen. Für Kinder, die einen Bildungsgang im Beruf oder in der Schule am alten Wohnort abschließen sollen, findet man problemlos eine kleine Wohnung, weil der Bestand genügend kleine Wohnungen hergibt.

Scheidungsfälle sind weniger kompliziert und erheblich billiger, wenn die Partner von vornherein den Wohnungsbesitz im Haus aufgeteilt haben. Da knurrt zwar die Anwaltschaft, weil der Streitwert auf ein Minimum sinkt, aber das Familiengericht freut es, weil klare Verhältnisse herrschen und man sich auf das Wohl der Kinder konzentrieren kann.

Waren die Eltern so clever, das Wohnhaus so aufzuteilen, dass sie auch auf jedes Kind ein Eigentumsrecht auf eine Wohnung innerhalb des Hauses eingetragen haben, braucht das Familiengericht sich nur noch darum zu kümmern, wer die Kinder wann versorgt und ob der optimale Bildungsweg gesichert ist. Besonders Selbstständige, die permanent auf ein Sicherheitsnetz für den Insolvenzfall bedacht sind, werden das so regeln. Inzwischen sind aber so viele Arbeitsplätze den plötzlichen Wechselfällen des Lebens ausgesetzt, dass auch die Arbeitnehmer solche Sicherheitsnetze schätzen.

Wer wird sofort die Chance wahrnehmen? Alle Handwerker, weil sie ihre Eigenleistung einsetzen können, auch über die in Kapitel 6 angesprochenen 20% hinaus. Alle Selbstständigen, weil man nie weiß was kommt. Alle Sicherheitsbewussten: Beamte, Angestellte im öffentlichen Dienst, Angestellte von Versicherungen, Banken, Steuerberatungen, Rechtsanwälten usw.. Menschen, denen die Kosten fürs Wohnen die Hälfte des Lohns wegnimmt, können überlegen, ob der Erwerb einer unpfändbaren Wohnung ihre Situation langfristig bessert.

Kapitel 10

Der Gewinn für die öffentlichen Haushalte.....

...kann gewaltig sein. Ohne einen Cent zu investieren, entsteht ein Trend zu Wohneigentum schon bei ganz jungen Leuten. Auch aktive Rentner werden sich überlegen, wie sie an eine „unpfändbare" Wohnung kommen. Die Entwicklung der Renten ist schon auf Grund der Anzahl der Rentenempfänger im Vergleich zu den Einzahlern problematisch. Niemand weiß, wie lange die Rente für den Lebensunterhalt ausreichen wird. Wenn man es schaffen kann, die monatlichen Mietkosten auf Null zu setzen, wird man das tun.

Vor sich hin siechende Altbauten können zu neuem Leben erweckt werden. Leerfallende Innenstädte können zu Zuzugsgebieten werden, weil junge Menschen mit kleinem Etat dort im Team an ihren ersten eigenen Wohnungen basteln. Da machen die Großeltern gern ihr Sparschwein auf, wenn es um die „unpfändbare" Immobilie für die Enkel geht. Die Hoffnung auf Urenkel steigt.

Eventuell gehen sie sogar mit in das Team, weil eine Wohnung im Zentrum wegen der Nahversorgung einfach günstiger ist. Geschäfte und Ärzte sind in der Nähe. Man muss nicht für jede Besorgung das Auto anwerfen und etliche werden überlegen, ob sie überhaupt eins brauchen. Enkel oder Urenkel öfter zu sehen, sind eine sehr starke zusätzliche Motivation, in die Nähe zu ziehen. Davon kann auch die junge Familie profitieren, weil gelegentlich ein Babysitter in unmittelbarer Nähe ist.

Politisch ist das Thema Nahversorgung immer eine Diskussion und sie betrifft nicht nur die Stadtzentren sondern auch den ländlichen Raum. Die Entscheidung für den Standort einer eigenen Immobilie ist nicht nur vom Preis abhängig sondern auch von der Infrastruktur.

Die Diskussion, ob man ein Auto braucht oder nicht, ist seit einigen Jahren Thema. Dabei fällt die Entscheidung gegen das Auto leichter, wenn die Distanz der Wohnung zum Stadtzentrum oder Versorgungszentrum sinkt. Ich kenne Menschen, die im Zentrum wohnen und sich nur gelegentlich ein Auto mieten, wenn sie eine weite Strecke fahren wollen. Auch für die Urlaubsreise ist nicht immer ein Fahrzeug erforderlich, weil viele Urlaubsorte dazu übergehen, in die Übernachtungspauschale für die Gemeinde die kostenfreie Benutzung des ÖPNV einzubeziehen. Abgesehen vom Unterhalt eines Fahrzeugs wird die Unterbringung eines Autos immer teurer, je zentrumsnäher man wohnt.

Auf dem Land ist der Trend gegenläufig: je kleiner das Dorf, desto mehr Autos pro Kopf der Bevölkerung. Sobald jemand den Führerschein hat, wird auch ein Auto besorgt. Diesen Trend kann nur ein sehr gut funktionierender und preiswerter ÖPNV aufhalten. Den kennen wir aus anderen Ländern oder wenn wir in den Urlaub fahren. Für einen kleinen Pauschalpreis können wir viele Verkehrsmittel nutzen. In Urlaubsregionen ist Mobilität oft mit der Kurtaxe bezahlt.

Allgemeine Bautätigkeit auf breitester Ebene belebt die Wirtschaft insgesamt und senkt die Arbeitslosigkeit. Zumal wenn es sich nicht um eine kurzfristige Blase aufgrund von einer einmaligen staatlichen Investition handelt, sondern in allererster Linie um Eigeninitiative, die vorhandenes Kapital auf den Konten und menschliche Ressourcen mobilisiert. Wenn die vom Staat vorgesehenen Mittel für seniorengerechten, barrierefreien Wohnraum und energetische Sanierung geschickt mit einbezogen werden können, wird das jedem recht sein.

Die Hauptmotivation für die Menschen aber sind die Ziele:

- **eine sichere Wohnung für immer**
- **das Ende der Mietzahlungen**

Kapitel 11

Kalkulation: Neubau oder Sanierung?

Die **Neubaukosten** werden 2016 für Holzbauten mit 1200 € pro qm und für Bauten in Stein mit 1800 € pro qm angesetzt. Das sind die reinen Erstellungskosten ohne Gewinnmarge für die Unternehmen.

Umbauten bei **Sanierungen** sind unterschiedlich in den Kosten und man kann keine Faustregel anwenden. Aber klar ist, dass es keinen Sinn macht, wenn die Kosten für die Sanierung die Neubaukosten übersteigen.

Allerdings muss man bei Erwerb eines Grundstücks mit einem Altgebäude die Abrisskosten mit einrechnen, wenn man einen Neubau auf dem Grundstück errichten will.

Das ist bei Reihenhäusern nicht so ohne weiteres möglich, hier wird die Sanierung vorrangig vor einem Neubau betrieben werden müssen. Günstig ist es immer, sich hier mit den Nachbarn in Verbindung zu setzen, denn bei gemeinsamen Baumaßnahmen können durchaus Kosten eingespart werden. Dies gilt sowohl bei der Planung, der Finanzierung wie bei Durchführung der Baumaßnahmen. Die Auseinandersetzung mit den Bauämtern und den Banken lässt sich eventuell gemeinsam auch besser durchführen.

Kapitel 12

Die Chancen für ein Gesetz:
Das Recht für jede natürliche Person in der Bundesrepublik Deutschland, den Status Unpfändbarkeit für eine Wohnung zu erhalten.

Im Jahr 2016 steht das Sicherheitsbedürfnis in der Bevölkerung auf Platz 1 aller Wünsche an die Politik. Damit steigen die Chancen für ein solches Gesetz deutlich.

Wie sieht das auf der politischen Seite aus? Der preiswerte Wohnraum für die Sozialhilferentnerin wird aktuell am meisten gesucht. **Kann das Modell ‚unpfändbare Wohnung‘ da helfen? Können auch SozialhilfeempfängerInnen eine unpfändbare Wohnung bekommen?**

Im Prinzip ja, es kommt auf die Konzipierung der Wohnung und die Finanzierung an.

Kapitel 13

Unpfändbare Wohnungen für SozialhilfeempfängerInnen?

Grundsätzlich ist hier die Frage von der öffentlichen Hand zu stellen: Welche Vorteile bietet das für das Gemeinwesen?

Die Vorteile sind: Unkündbarkeit, keine Wohnungswechsel, nach der Abzahlung entfällt dieser Kostenanteil für die öffentliche Hand, die monatliche Belastung ändert sich nicht, es gibt keinen Eigentümerwechsel (was bei Wohnbaugesellschaften immer wieder vorkommt, mit entsprechenden Problemen für die Kommunen).

Zielsetzung müsste sein, möglichst schnell die Abzahlungsphase zu beenden. Daraus ergibt sich bereits, dass solche Modelle vorwiegend in Niedrigzinsphasen angewendet werden können, weil die Schuldentilgung dann schneller vorangeht. Die Festschreibung des Zinssatzes muss auf einen möglichst langen Zeitraum ausgedehnt werden. Die Erstellungskosten müssen so niedrig wie möglich sein.

Daraus folgt, dass es hier nicht um Wohnungen geht, die die maximale Größe für sozialen Wohnraum ausschöpfen. Man muss sich mit dem **minimalen Wohnraumbedarf für eine Einzelperson** beschäftigen. Dazu mehr in Kapitel 14.

Was muss noch beachtet werden?

Relativ hoch müssen die monatlichen Rückstellungen für Reparaturen, notwendige bauliche Anpassungen sowie Anliegerkosten für straßenbauliche Maßnahmen angesetzt werden. Da SozialhilfeempfängerInnen über kein Kapital verfügen, muss die öffentliche Hand auch diese Nebenkosten tragen.

Die wesentliche Leistung der Wohnungsinhaber/Innen besteht darin, dass sie langfristig verantwortlich mit der Wohnung umgehen und auf den

Werterhalt achten. Hierzu muss Unterstützung angeboten werden.

> ***Negativzinsen 2016.***
>
> *Überlegen sollte man, ob Kapital, dass mit Negativzinsen belastet wird, für den sozialen Wohnungsbau einsetzt. Den Eignern könnte damit eventuell die Belastung mit Negativzins erspart werden und sie könnten zumindest das Kapital erhalten.*

Im 2. Quartal Jahr 2016 wird in der Gesellschaft das Problem offen diskutiert, dass kleine Einkommen kaum für den Lebensunterhalt ausreichen. Sie bewegen sich in der Nähe der Armutsgrenze. Immer mehr Menschen in der Bevölkerung sind davon betroffen. Selbst Unterrichtstätigkeiten sind davon erfasst, sowohl in Schulen wie in Kursen der Erwachsenenbildung. Gute Ausbildung bedeutet nicht mehr automatisch ein gutes Einkommen.

Neben den Niedrigeinkommen sind es vor allem die Zeitverträge, die die Menschen verunsichern. Auch bei besserem Entgelt ist eine langfristige Lebensplanung nicht möglich. Die Entscheidung zur Familiengründung wird immer schwerer.

Immer deutlicher wird das Problem, dass die Renten, die erwartet werden, auf keinen Fall ausreichen werden. Bis zur Hälfte der künftigen Rentner werden staatliche Zuschüsse benötigen.

Die Frage aus der Überschrift dieses Kapitels ‚Unpfändbare Wohnungen für Sozialhilfeempfängerinnen?‘ beantwortet sich 2016 fast von selbst. Die Gesellschaft hat sich in eine Lage manövriert, in der kaum noch eine andere Lösung bleibt. Der Bestand an geeigneten Mietwohnungen im Sozialhilfebereich ist inzwischen derartig gering, dass Vermieter viele Möglichkeiten haben, die Mieten in die Höhe zu treiben. Die Mietpreisbremse war im ersten Jahr ihres Bestehens wenig wirksam.

Die Abhängigkeit vom Wohnungsmarkt, der gewinnorientiert organisiert ist, muss beendet werden. Wir brauchen eine vollkommen andere Organisationsform und das kurzfristig. Mit Menschen, die in der Nähe der Armutsgrenze leben, können keine Gewinne über Mieten erzielt werden.

Wir brauchen einen sicheren Wohnungsbestand zu langfristig planbaren Kosten für die öffentliche Hand, der eine menschenwürdige Unterbringung nach den Grundsätzen unserer Gesellschaft gewährleistet.

Die Wohnungen müssen sich an die Belegung durch Einzelpersonen orientieren, weil dies unserem Gesellschaftsmodell entspricht. Umzugskosten müssen vermieden werden, indem Wohnungen so geplant werden, dass die Menschen dort möglichst bis ans Lebensende bleiben können.

> *Die Vorschrift, dass Sozialwohnungen nicht über einen Aufzug erreicht werden dürfen, ist unsinnig. Gehbehinderungen durch Krankheiten, Alter oder die Notwendigkeit eines Rollstuhls ergeben sich durch die längeren Lebenszeiten immer häufiger und sind nicht von vornherein planbar.*

Gemeinschaftseinrichtungen über Wohnprojekte und Wohngemeinschaften müssen gefördert werden, um Kosten zu senken und soziale Kontakte zu fördern. Gegenseitige Unterstützung im Wohnumfeld stärkt die Menschen gesundheitlich, gegenüber Kriminalität, bei technischen Problemen im Haushalt und bei der Lebensgestaltung.

Eine sichere Wohnung mit sozialem Umfeld verhindert, dass die Menschen sich extremen politischen und gesellschaftlichen Strömungen zuwenden.

Dazu müssen die Belastungen für das Wohnen gedeckelt werden und für die öffentlichen Haushalte langfristig planbar sein.

Diskutiert werden muss, was mit der unpfändbaren Wohnung passiert, wenn Bewohner versterben: kann die öffentliche Hand die Wohnung weiterverwenden? Fällt sie an die Erben? Welches Modell wäre hier angebracht, dass die Wohnungsinhaber/in motiviert, sorgsam mit der Wohnung umzugehen und auf der anderen Seite die öffentliche Hand nicht übermäßig belastet? Muss die Wohnung für einen Mindestzeitraum der öffentlichen Hand zur Verfügung stehen und wie lange? Hier müssen Kriterien entwickelt werden. Berücksichtigen muss man mehrere Möglichkeiten:

Übernahme durch Erben gegen einen Abstandsbetrag an die öffentliche Hand, Weitergabe an andere Bedürftige und so weiter. Auf unterschiedliche Situationen im individuellen Fall muss flexibel reagiert werden können.

Kapitel 14

Mindestgrößen für Wohnungen

Dazu ist es notwendig, einmal von der anderen Seite her zu rechnen: Wieviel **Platz** benötigt eine Einzelperson **mindestens**? Warum?

Der finanzielle Spielraum für alle ist inzwischen deutlich eingeengt. Der Staat muss aber daran interessiert sein, dass möglichst viele Menschen Wohneigentum bilden, bei dem die Nebenkosten innerhalb des Rahmens liegen, der von der Sozialgesetzgebung her gebilligt werden kann.

Daraus ergibt sich, dass der Kaufbetrag möglichst niedrig sein muss. Je kleiner die Wohnung, desto niedriger sind die Gesamtkosten für die Anschaffung.

Der Mindestwohnraumbedarf bei jungen Leuten ist anders als bei Menschen, die bereits Altersgeld beziehen.

Das ergibt sich bereits aus der einfachen Tatsache: Menschen im Alter geraten häufiger als junge Leute in die Situation, dass sie auf einen Rollstuhl angewiesen sind – und sei es auch nur vorübergehend.

Da jeder Umzug Geld kostet und gerade für ältere Menschen erheblichen Stress bedeutet, sollte das durch entsprechende Wohnraumplanung von vornherein vermieden werden. Der Stress kann durchaus zu weiterer Beeinträchtigung der Gesundheit führen. Die entsprechenden Kosten für Krankenbehandlung können vermieden werden.

Außerdem sind den Sozialämtern solche Kunden lieber, für die eine einmal getroffene Regelung möglichst lange gilt. Je weniger Anträge gestellt werden müssen, z.B. wegen notwendigem Umzug, desto besser. Das entlastet auch die Personalkosten in den Sozialämtern und schont damit die öffentlichen Kassen.

Mindestgröße einer Wohnung für eine/n Rentner/in, in der er/sie bis zum Lebensende bleiben kann

Wie bereits gesagt, kann es bei Menschen im Alter immer vorkommen, dass sie einen Rollstuhl benötigen. Daher ist es sinnvoll, eine Wohnung gleich für den Fall der Fälle zu planen. Wenn es sich um ein Paar oder Ehepaar handelt, können zwei Wohnungen miteinander kombiniert werden: Eine barrierefreie Wohnung und eine rollstuhlgerechte Wohnung in Minimalgröße. Verstirbt der Partner oder die Partnerin, kann der Witwer bzw. die Witwe in der rollstuhlgerechten Wohnung bleiben und die andere abgeben.

Entscheidet sich das Paar von vornherein für nur eine Wohnung, sollte immer die rollstuhlgerechte Wohnung in minimaler Größe gewählt werden.

Für eine rollstuhlgerechte Wohnung gibt es gesetzliche Vorgaben bei den Abmessungen, die nicht unterschritten werden dürfen.

Der wesentliche Faktor dabei ist, dass der Rollstuhl immer eine Kreisfläche von 1,50 Meter benötigt, auf der er wenden kann. Danach richten sich alle anderen Abmessungen. Außerdem muss die Greifhöhe des Rollstuhlfahrers/der Rollstuhlfahrerin für alle Arbeitsplatten, Schränke und so weiter berücksichtigt werden.

Auf der Zeichnung sehen Sie eine Beispielwohnung für eine rollstuhlgerechte Wohnung in minimaler Größe. Es kann sein, dass geschickte Architekten noch ein paar zusätzliche Quadratmeter einsparen können.

Mindestgröße 43,22 qm

Schlafzimmer 4,1m x 3,7m = 15,17

Bad 2,5 m x 3 m = 7,5 qm

Wohnen Essen Kochen 4,5 m x 3,5 m = 15,75 qm

Flur 1,6 m x 3 m = 4,8 qm

Zeichnung aus satztechnischen Gründen nicht maßstabsgetreu

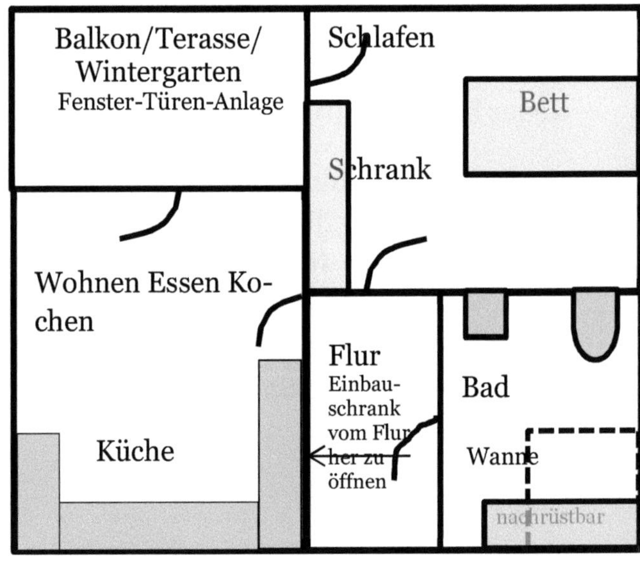

Bei der Wohnung für Rollstuhlfahrer/in ist die DIN 18040-2 R zu berücksichtigen.

In allen Räumen ist der Durchmesser des Wendekreises vom Rollstuhl zu berücksichtigen: 1,5 m auch auf dem Balkon. (Im Beispielplan 2,2 m x 3,5 m = 7,7 qm)

Im Bad ist eine barrierefreie niveaugleiche Dusche Vorschrift, eine Badewanne muss nachträglich eingebaut werden können. Abstand zwischen Wanne und WC 1,5 m. WC-Tiefe 70 cm, WC-Abstand seitlich zur Wand 30 cm, Abstand WC-Waschbecken 90 cm.

Im Schlafzimmer ist neben dem Bett und zwischen Bett und Schrank jeweils 1,5 m Abstand einzuhalten, auf der anderen Seite des Bettes 1,2 m.

Es gibt noch weitere Vorschriften für Unterfahrmöglichkeiten von Waschbecken und Küchenplatte, für Reichweiten und -höhen usw..

Alle Türen müssen eine lichte Weite von >90 cm aufweisen. Bei der Musterwohnung habe ich 2 Türen in das Wohnzimmer und das Schlafzimmer mit Öffnung in die Zimmer und eine Tür zum Bad mit

Öffnung in den Flur geplant, Öffnung ins Bad ist manchen lieber. Vom Schlafzimmer und vom Wohnzimmer geht je eine Tür zum Balkon.

Praktisch ist es, wenn im Wandschrank, der vom Flur her zu öffnen ist, ein zum Flur hin offenes Fach eingebaut wird, in dem man Einkäufe ablegen kann. Dieses Fach bekommt eine Tür zur Küche und man kann von dort alles entnehmen.

Kapitel 14.2

Mindestgröße für eine Wohnung für junge Menschen

Eine Wohnung für einen jüngeren Menschen ohne Rollstuhlbedarf könnte entsprechend gebaut sein, jedoch kann man bis zu 15 qm einsparen. Die Mindestgröße dürfte bei 28 qm liegen. Das Bad sollte ebenfalls barrierefrei sein. Es gelten geringere Mindestabstände.

Bei Sanierungen von Altbauten müssen Gegebenheiten berücksichtigt werden. Am Beispiel ist aber zu sehen, wie man vorgehen muss. Zuerst müssen Bad und Schlafzimmer geplant werden, dann folgen alle anderen Räume.

Quellen

S.14
27.1.2016 Alexander Graßhoff t-online.de
...62 Prozent der Bevölkerung trauen den Parteien nicht
mehr zu, die Probleme in Deutschland lösen zu können.
Forsa-Chef Manfred Güllner und Parteienforscher Tilman
Mayer nennen im Gespräch mit t-online.de Gründe....
*

Seite 15 Wohnkosten
Wohnungsangebot für arme Familien in Großstädten,
Studie empirica AG im Auftrag der Bertelsmannstiftung
2013
S. 16 Tendenziell gilt: Je niedriger die Einkommen sind,
desto höher fällt die relative Wohnkostenbelastung
aus und desto kleiner oder schlechter ausgestattet sind die
Wohnungen.... Die armutsgefährdete Bevölkerung hinge-
gen gab die Hälfte ihres monatlichen Einkommens für
Wohnkosten aus. .... Alleinerziehende wendeten 2011 38,7
Prozent ihres Einkommens für das Wohnen auf, armuts-
gefährdete Alleinerziehende 52,3 Prozent.... bei den ar-
mutsgefährdeten
Alleinerziehenden steigen die Kosten (vgl. Tabelle 2).
*

Seite 17
Quelle: Die ZEIT
Lastenausgleichsbank mit besonderen Risiken
Von W. R.
25. Juli 1957, 7:00 Uhr
Die Lastenausgleichsbank in Bad Godesberg unterscheidet
sich von einer normalen Geschäftsbank vor allem
dadurch, daß sie als Kunden nicht gesunde und finanz-
kräftige Unternehmen besitzt, sondern einen Kreis von
Betrieben, der als Folge der Kriegs- und Nachkriegsereig-
nisse geschwächt ist und daher einer besonderen Pflege
bedarf. Dabei verteilt sie keine Geschenke und Subventio-
nen, sondern sie versucht, durch zu bankmäßigen Bedin-
gungen gewährten Krediten entsprechende Unternehmen
zu kräftigen und voll wettbewerbsfähig zu gestalten. Das
ist ein langwieriger Prozeß, der auch heute nach über zehn
Jahren noch nicht sein Ende gefunden hat. Die Lastenausgleichsbank weist im ersten Satz ilres Geschäftsberich-
tes vielmehr darauf hin, daß für einen großen Teil der in
Westdeutschland neu errichteten gewerblichen Vertriebe-
nen- und Flüchtlingsbetrieben umfassende Konsolidie-
rungsmaßnahmen unerläßlich sind, um die Eingliederur-

gsbemühungen des Bundes- und der Länder weiterhin zu
sichern.................... *Der Artikel geht noch weiter.*
*

S.24 ...Großindustrie betrügt systematisch..
Siehe alle Bericht über Automobilindustrie und Betrug bei
Abgaswerten.
*

S.25...über 50 Jahre alt sind
Aus
http://www.gate4engineers.de/ingenieurmangel/ingenieu
rbeschaeftigung/ingenieure-ab-45.html
Ältere Ingenieure/innen ab 45 Jahre müssen trotz hoher
Qualifikation und erfolgreicher Weiterbildungsmaßnah-
men wiederholt mit „Integrationsschwierigkeiten" rechnen, da sie u.a. aus Altersgründen nicht in den engeren
Bewerberauswahlprozess der suchenden Unternehmen
einbezogen werden. Längere Arbeitslosigkeit, fachfremde
Tätigkeiten, fehlende fachliche Kompetenzen und Erfah-
rungen, Entmutigung und wenig ausgeprägte Kommuni-
kationsfähigkeiten sind oft Hindernisse für ältere arbeits-
lose Ingenieure/innen im Bewerbungsprozess. Zudem
sind vorhandene Vorurteile wie mangelnde Flexibilität,
fehlende Kreativität, Lernfähigkeit und Lernbereitschaft
oft weitere Barrieren in Hinblick auf die Einstellung älterer Ingenieure/innen.
*

S.26 ....sogar die Feuerwehr..
NDR.de 22.4.16
Das nordfriesische Friedrichstadt hat seit Freitag eine
Pflichtfeuerwehr. Etwa 50 Einwohnern wurde ein amtli-
ches Schreiben zugestellt - eine sogenannte Verpflich-
tungserklärung.
*

Seite 31 ...sinkt die Lebenserwartung,..
Süddeutsche Zeitung 30.3.2016
Lebenserwartung „Arme sterben früher" Alexander Hage-
lücken
Der große Report des Robert-Koch-Instituts über Gesundheit in Deutschland, der im Auftrag der Bundesregie-
rung verfasst wurde, stützt diese Sichtweise.
*

Seite 32 Kapitel 3 Unsere Häuser – am langfristigen Bedarf vorbei gebaut
Die Welt am Sonntag 18.8.2013
http://www.welt.de/119119391
Wenn der Hausverkauf zum Albtraum wird

*

Seite 62 ..erheblichen Sanierungsbedarf im Wohnbaubestand..

BMWi Publikation 2014 Sanierungsbedarf im Gebäudebestand

.....Von den rund 19 Mio. Wohngebäuden mit rund 40 Mio. Wohnungen stehen in den kommenden 20 Jahren etwa die Dies entspricht jährlich etwa einer Million zu sanierender Wohnungen.

.... die Altersstruktur der Eigentümer selbstgenutzter Immobilien: Nahezu die Hälfte dieses Personenkreises ist über 60 Jahre alt. .. ein beträchtlicher Eigentümerwechsel im Immobilienbestand ansteht.

*

Seite 62 ...Vermögen ungenutzt...Seite 76 ....vorhandenes Kapital..

15.4.2016

Private Geldvermögen in Deutschland auf Rekordniveau gestiegen

Frankfurt/Main (dpa) - Die Geldvermögen der Menschen in Deutschland haben Ende vergangenen Jahres ein Rekordniveau erreicht. Auf 5318 Milliarden Euro summierte sich das Vermögen privater Haushalte in Form von Bargeld, Wertpapieren, Bankeinlagen sowie Ansprüchen gegenüber Versicherungen. Den kräftigen Anstieg um 105 Milliarden Euro im Vergleich zum dritten Quartal erklärte die Bundesbank unter anderem mit dem Boom an den Börsen. Zudem stockten viele Menschen in Zeiten extrem niedriger Sparzinsen ihre Bargeldbestände auf.

*

Seite 68...bedarfsgerechte Wohnungen..

Datenreport 2016 von destatis

sagt aus, dass es 18 Mio. Alleinstehende gibt, davon 16 Mio. Alleinlebende. Diese 16 Millionen wohnen in 41 % aller Haushalte. Außerdem gibt es 2,7 Mio Alleinerziehende, bei denen 2,34 Mio. minderjährige Kinder mit einem Elternteil allein leben, 1,67 Mio. minderjährige Kinder leben in einer Lebensgemeinschaft (Patchworkfamilie).

*

Seite 79 ...preiswerte Wohnraum für die Sozialhilferentnerin wird aktuell am meisten gesucht.

Kapitel 12, 13, 14

Studie des BBSR Bundesinstitut für Bau-, Stadt- und Raumforschung Lebenslagen und Einkommenssituation

älterer Menschen – Implikationen für Wohnungsversorgung und Wohnungsmärkte August 2015
*

Zur Studie des BBSR kommentiert Prof. Stefan Sell auf seiner Homepage http://aktuelle-sozialpolitik.blogspot.de/search/label/Wohnungspolitik : Es bleibt das Gefühl, dass wir gerade hinsichtlich des Zusammenspiels von Einkommensarmut und der Wohnungsfrage einer gewaltigen sozialpolitischen Herausforderung entgegen gehen. Die Vorschläge erscheinen da irgendwie klein und eher hilflos.
*

Zeit zu handeln. Bericht zur Armutsentwicklung in Deutschland 2016 deutscher paritätischer wohlfahrtsverband gesamtverband e. v.
*

Seite 92 bis 97 Kapitel 14.1 und 14.2
Sanitär – Heizung – Klima SBZ-online Ausgabe 03.2012
Neuestes aus dem SHK-barrierefrei Bereich von Buchautorin Dipl.-Ing. Ulrike Rau ist selbstständige Architektin und Sachverständige für Barrierefreiheit engagiert sich rund um barrierefreie Konzeptionen und firmiert unter Ulrike Rau,
raumkonzepte, 10435 Berlin, www.rau-m-konzepte.de
*

Seite 92 bis 97
http://nullbarriere.de/din18040-2.htm
nullbarriere.de informiert umfassend über barrierefreies Bauen.
*

Weitere Quellen

Wiener Wohnen / Wiener Gemeindebau Homepage

Mercer Studie 2016 Nach der Mercerstudie ist Wien die Stadt mit der höchsten Lebensqualität weltweit. Die Studie legt besonderen Wert auf Sicherheit. Der Wiener Gemeindebau scheint mit seiner guten Wohnungsversorgung für den schwächsten Teil der Bevölkerung dazu einen Beitrag zu leisten. Ein Viertel der Wiener wohnt in einer Wohnung des Wiener Gemeindebaus.

Register

Danke

an Heidlinde Aikio

für kritische Durchsicht und Anmer-
kungen

und

Corinna Rüffer

für

das Vorwort

Weitere Veröffentlichungen von Klaus
Ernst Paul Puchstein

Flüchtlingskrisen -
Wir können sie beenden
ISBN 978 3739 239248
80 Seiten Paperback   2016

ISBN
978-3-
7347-5893-
5
Paperback
48 Seiten
2015

Trainieren und Erholen mit Naturerlebnissen
Fitness für Kopf und
Körper

ISBN
9-783-7386-
12622
Hardcover
68 Seiten
2015